I0491723

de *pro forma*

^{para}
smart

capa: Júlio César Cerdeira Ferreira

de *pro forma*
para smart

JÚLIO CÉSAR CERDEIRA FERREIRA

Editoração independente

Projeto
Contrato
Inovador

Copyright © 2020 por Júlio César Cerdeira Ferreira

Dados Internacionais de Catalogação na Publicação (CIP)

Ferreira, Júlio César Cerdeira
   De pro forma para smart : o que é preciso falar sobre contratos descomplicados e extraordinários / Júlio César Cerdeira Ferreira -- 1. ed. -- Brasília : Ed. do Autor, 2020.

   ISBN 979-86-73-93055-7

   1. Consultoria - Contratos e especificações 2. Contratos empresariais 3. Negociação 4. Redação empresarial I. Título.

20-41268   CDD-808.066651

Índices para catálogo sistemático:

1. Redação empresarial   808.066651

Maria Alice Ferreira- Bibliotecária - CRB-8/7964

Todos os direitos reservados no Brasil, por
Júlio César Cerdeira Ferreira
Rua 212, QS 1 – Lote 21 – Águas Claras 71950-550 –
Brasília – DF. Tel.: (61) 99864-3320
contato@contratoinovador.com.br
www.contratoinovador.com.br

A meu pai, Expedito, personificação da coragem, e a minha mãe, Calmesina, avatar da determinação, que me mostraram o sabor irresistível da liberdade.

A meus irmãos, Luís e Francisco, eternos aprendizes como eu e sempre desafiando minha timidez.

Ao maior mentor profissional que já tive, Eder Fior, empresário, advogado, professor universitário, político e, acima de tudo, grande amigo.

A Iara Fior, pelos comentários superpragmáticos e espontâneos de sempre; e por ter se tornado esposa ao Eder e permitido todo seu desenvolvimento profissional, o qual foi inestimável para mim.

A Luila, pelo aconselhamento valioso e pelo empurrão que faltava para que eu expressasse minhas convicções e escrevesse este livro.

Àqueles que me fazem amar o aprendizado, com distinção especial a meus professores.

SUMÁRIO

DISCLAIMER

Cuidado!

Ao concluir a leitura deste livro, você pode se inconformar de que a criação e compreensão de minutas contratuais seja muito mais simples do que você pôde imaginar.

Este livro foi escrito para pessoas de negócios, mas bacharéis em Direito também podem encontrar grande utilidade nele.

CONFISSÕES E RECADOS DO AUTOR

Uma das coisas inevitáveis na vida é o aprendizado. Sei que você concorda que sempre haverá uma lição extra para se assimilar.

Desde criança, esse é meu encanto: sempre investigando e questionando. Um "chato" ao ponto de nunca deixar um técnico de computador consertar meus equipamentos ou um médico examinar meu corpo sem me ensinarem algo novo a cada encontro.

Eu também não "matava" aulas de Sociologia e Ética na faculdade de Direito. E era considerado algum tipo de "louco" por meus colegas, que logo encontraram motivos adicionais para isso, ao lado de alguns professores.

Sempre gostei de desafios de natureza intelectual e, também, da alegria causada pelas descobertas. Porém, mais do que curiosidade, existe nisso uma sede de entender e apreciar a engenhosidade humana.

Para mim, toda demonstração de perícia é uma forma fascinante de arte. E essa excelência eu a percebo em todas as pessoas com quem convivo, cada uma a seu modo. Tenho certeza que você já experimentou algo semelhante.

Para mim, receber ensinamentos é o mesmo que puxar o ar para os pulmões e já me rendeu algumas boas ideais em áreas as mais diversas, como tecnologia, comportamento e esportes, por exemplo.

Satisfazer essa sede por aprendizado é revigorante. E vai além do mero acúmulo de informação. Trata-se de renovar ideias, práticas e processos, de acessar novos recursos e de compartilhar essa experiência. Trata-se de adquirir autonomia.

Ter sido apresentado ao Direito na Universidade Federal de Juiz de Fora e à advocacia me deu a chance de aplicar essa aptidão pessoal em nível profissional. Passei a me dedicar não só a redigir documentos e a atuar em disputas judiciais de clientes, como a expor a eles a lógica implícita nessas coisas.

Você já pode imaginar que nem sempre é fácil despertar o interesse nos outros por esse tipo de conhecimento. Vários anos se passaram até que eu conseguisse, finalmente, mudar isso, considerando que muitos dos conceitos que assimilei dentro da própria universidade atrapalhavam esse propósito.

No exercício profissional, era comum eu receber pedidos de médios empresários e profissionais liberais para redigir minutas contratuais. A maioria confessava certa insegurança e insatisfação com os modelos que possuíam, o que me instigava a instruí-los em alguns passos que poderiam tomar.

Obviamente, eu prestava o serviço e entregava as novas minutas. Mas, de uma maneira que para mim já se havia tornado natural, eu também dividia com meus clientes conhecimentos que eles poderiam usar para diminuir sua insatisfação sem depender tanto de uma intervenção jurídica.

Depois de introduzi-los nessa área, eles percebiam a redação contratual por um novo ângulo, compreendendo que ela não depende tanto de informações legais quanto supunham. E, caso as minutas que eu preparava precisassem de alterações no futuro, eles próprios poderiam fazê-las.

Mas, interagindo com diferentes profissionais e empresas ao longo do tempo e investindo horas na formulação de minutas contratuais, foi inevitável perceber que as queixas e angústias de cada novo cliente eram muito parecidas entre si, o que me instigou bastante.

Isso é sinal de que um problema é recorrente e não se trata do desconhecimento da lei, porque muitos que me procuram têm apurado conhecimento das normas que incidem em seu ramo de trabalho. Além do mais, na lei, não existe passo a passo jurídico para a redação de documentação contratual.

De fato, em sua maior parte, a demanda por meus serviços nessa área não é uma demanda por habilidades jurídicas, embora eu as tenha.

Olhando o passado, contudo, notei um elemento a mais nessa questão: era comum que eu consultasse diversas vezes meus clientes para finalizar as minutas que solicitavam, o que gerava embaraços, já que, na relação profissional, o esperado era a eliminação das dúvidas do cliente, não das minhas.

Eu mal percebia antes, mas minha disposição constante em conhecer novidades fazia que eu buscasse o máximo de informações para entender o negócio de cada cliente e formular minutas mais apropriadas. E era nisso que eu encontraria uma resposta que foi, para mim, formidável.

Levou certo tempo até que eu notasse que, embora minha inclinação natural e minhas competências jurídicas funcionassem juntas – praticamente fundidas –, elas poderiam ser separadas.

Esse foi um divisor de águas para a criação deste livro. Surgiu, a partir de então, a vontade de investigar a fundo esse desdobramento, vontade que só foi superada pelo desejo de compartilhar o que aprendi a partir de minhas observações pessoais e experiência profissional.

Modelei as ideias apresentadas neste livro para instigar, em sua mente, uma crise de pensamentos tradicionais, propondo mudanças na forma de se perceber a redação de contratos, ao mesmo tempo em que aponto para um escape da mesmice por um caminho de aprimoramento.

Você deve ter percebido que, com a quarta revolução industrial, a etiqueta mudou. Por esse motivo, não é má ideia reformular os coeficientes de equações que vêm dando errado já há alguns anos, especialmente, naqueles mundos que são frequentados por bacharéis em Direito.

O tempo em que vivemos é propício a isso: temos um poder judiciário abarrotado sem capacidade de atender demandas, bem como *lawtechs* sufocando em provações na tentativa de simplificar e agilizar a vida das pessoas. Acredito que esses dois nichos terão benefícios com este conteúdo.

Este livro apresenta um pouco dos meus pensamentos e da minha trajetória proporcionada pela advocacia e mostra o que eu faço para documentar contratos de um jeito simples e compreensível.

A obra divide-se em duas partes, que podem ser analisadas de modo independente. A primeira é voltada para a crítica, a segunda, para a apresentação de uma alternativa concreta. Aliás, as críticas da primeira parte possuem um apelo *brainstorming* e também são independentes entre si.

Eu fiz este livro propositalmente conciso, como deve ser uma minuta contratual, permitindo que suas porções sejam independentes, mas, recorram sempre ao tema central em um contexto particular. Isso quer dizer que você pode saltar direto para os capítulos finais quando desejar.

Você notará que a concisão também se expressa no número limitado de linhas por parágrafo.

Boa leitura! E lembre-se de se desafiar!

PARTE I:

RAZÕES PARA A MUDANÇA

DESATUALIZAÇÃO

Imagine-se um mundo em que o tempo de um almoço de negócios é suficiente para que dois executivos compreendam e discutam uma minuta contratual e, em seguida, saiam prontos para fechar negócio, enquanto seus advogados almoçariam em outro lugar.

Esse parece um cenário compatível com uma sociedade que valoriza a troca de informações a supervelocidades. Compatível com certeza, mas ainda um tanto incomum para os dias de hoje: o que se espera são reuniões demoradas conduzidas por advogados e recheadas de neurose.

Na era atual, com quantidades sufocantes de dados disponíveis, tratá-los e otimizá-los é uma exigência, como forma de impedir uma orgia de informações e promover o uso racional do tempo, que é tão vital quanto a própria informação.

O contraste ganha mais intensidade quando se considera que esses são tempos de grande valorização da proatividade e da independência pessoais, época em que se exige tanto habilidade quanto flexibilidade no manejo do conhecimento, sempre aliadas a uma atualização constante.

Tudo isso se manifesta desde jogos com finais alternativos (ou sem final conclusivo), pressão de fãs de cinema para a liberação de versões dos diretores, chegando até a relativização das relações de trabalho. Nada disso era grande coisa na década de noventa, mas, hoje, é diferente.

Um observador inteligente perceberá que esta é uma sociedade de superexposição e abertura (*full disclosure*), que tolera cada vez menos contenção de informação e valoriza cada vez mais uma atitude participativa.

Então, com tanta coisa mudada, alguém deveria responder por que a mecânica de contratos ainda está desatualizada para a versão mais recente da sociedade, demandando tempo e energia em grandes contingentes só para resultar em travamentos e em uma burocracia vazia.

Felizmente, esse desfalque é um problema com solução. A deliberação de cláusulas contratuais ainda é uma atividade indigesta e ocorre longe de restaurantes em razão de um de fator muito humano, mas também tratável: a comunicação. O segredo é abordá-lo em seus diferentes aspectos.

DESELEGÂNCIA INFORMACIONAL DOS BACHARÉIS

Existe elegância e grandeza na simplicidade, especialmente em tempos de rápidas transições, mas, a depender da pessoa, isso nem sempre é algo fácil de se assimilar.

Quem faz parte do meio jurídico tem hábito se expressar por um modo mais formal e elaborado e quem não é desse balaio falha na compreensão seja do valor, seja da semântica das palavras. E, apesar de antiprático, esse obstáculo na comunicação costuma até ser motivo de prestígio.

Todos são capazes de lembrar de algum conhecido ou parente nessas condições: bacharel em Direito, devorador de livros e usuário de palavras difíceis. Inacessível. Sinônimo de elegância em outras épocas, atualmente, isso já demonstra outra coisa.

Esse jeito curioso de se articular é típico e existe há muito tempo. Até possui um lado cômico, mas, de certo modo, continua útil ao trabalho forense e ao debate acadêmico, que são, afinal, circuitos profissionais dedicados a diálogos que exigem uma capacidade de compreensão lendária.

Até aí, tudo em ordem, pode aparentar: cada um no seu canto.

O caos costuma emergir na hora de juntar casco e ferradura, quando chamam os bacharéis em ciências sociais para adiantar o dia a dia das pessoas. Claro que não chega a ser uma completa Torre de

Babel, mas não é raro estalar um coice! Aí, é mesmo preferível que cada um volte a seu canto.

Por conceito, advogados seriam agentes de pacificação. Mas, considerando que falar a mesma língua que os outros ainda é um requisito para esse papel, a aura que boa parte desses profissionais têm mostrado dá a entender outra coisa. Parece que algo entrou fossilizado na atual era informacional.

Essa não é uma questão pequena: os registros da Ordem dos Advogados do Brasil mostram que existe um advogado para cada 174 habitantes no país. Essa é uma quantidade ridiculamente superior à de promotores, juízes e policiais juntos. São mais de 1,2 milhão de advogados registrados!

Você tem ideia de como uma multidão assim é capaz de influenciar a sociedade? Imagine se esses profissionais resolvessem conduzir uma mudança de mentalidade.

PAPÉIS

Apesar de si mesmos, advogados continuam a ser procurados para redigir toda sorte de documentos, especialmente, quando um consenso está para ser obtido. E o resultado só poderia ser o mais desengonçado: "um entendimento que ninguém entende".

Tratando-se de contratos, não poderia haver ruína maior. Até porque o advogado se vai e o quebra-cabeça fica para assombrar seus donos. Imagine isso em um ambiente empresarial de alta complexidade: haveria uma charada em cada esquina dos processos internos da corporação!

Como advogado, coleciono exemplos que enfatizam esse problema: diante de meus olhos, um cliente já chegou a adormecer durante a apresentação de uma minuta contratual; outro desistiu de empregar uma minuta, preparada com muito cuidado, por considerá-la "complicada demais".

Muitos se insurgirão, mas um paralelo adequado para esse cenário pode ser aquele do mecânico de carros que deixa uma "pontinha aberta" debaixo do capô, o que garante que o cliente permaneça dependente e sempre retorne solicitando mais soluções, já que não é perito no assunto.

Com advogados, quase não há protestos contrários – favoráveis, nenhum – porque a crença vigente supõe que sua função é conjurar encantamentos ou entidades legais manuseando palavras secretas que garantam a aprovação de forças de outros planos de existência. Pura ilusão.

É difícil aceitar, mas advogado não é xamã ou ocultista nem deveria se comportar como um. Certamente, não estudou para ser incompreensível. E mesmo no pior dos casos, ainda que seu papel fosse místico, o mínimo que se espera é que comunique clareza e traduza as coisas.

Outra comparação útil é feita com aplicativo para celulares: esse é uma criação que surge das habilidades de um programador, que, depois de operar normas e métricas de linguagem, conclui seu trabalho com uma interface intuitiva para facilitar o uso do programa.

Ocorre que ninguém estuda programação para poder utilizar um computador. Com assuntos contratuais, deveria ser a mesma coisa.

Ora, contratos bem que poderiam ter uma cara mais amigável, afinal, contratos também são sistemas: sistemas cooperacionais para aprimoramento de interações sociais.

Programar nada mais é do que dar instruções; redigir contratos, também. O programador escreve comandos com linguagem computacional, mas, quando se escrevem comandos em linguagem humana, o profissional a ser chamado é o professor de idiomas, não o bacharel em Direito.

Para a surpresa de muitos, nas faculdades de Direito, não se ensina um "português" diferente. Na verdade, o idioma utilizado ali é o mesmo de todos os lugares por imposição legal: a língua nacional. Ela está nos jornais, nas leis, nos celulares, nos contratos e em tudo que falamos.

Talvez seja difícil perceber de início, mas o papel do advogado não é determinar o que será contratado ou com que estilo e dizeres isso ficaria registrado. Na área contratual, sua função é dizer o que a lei proíbe e, talvez, dar sugestões ou alertas.

As coisas são assim, simplesmente, porque a lei não estabelece fórmulas para se redigirem documentos contratuais. E a especialização do advogado em algum ramo do Direito não é capaz de mudar isso.

Dizer que contratos sempre precisam ser colocados em "termos jurídicos" por advogados gera três contradições. Primeiro, não existe isso de "termos jurídicos", a não ser em diálogos técnicos entre especialistas. Segundo, depender de desconhecidos para fechar contratos fere a liberdade.

A terceira contradição é de ordem prática: seria preciso explicar ao advogado o desejo dos contratantes, a fim de que ele iniciasse um processo de entrevista e recapitulação cheio de tentativas e erros, quando, desde o início, a minuta ideal surgiria da própria explicação oferecida a esse profissional.

Muitas coisas se ensinam na faculdade de Direito, mas a redação de contratos não costuma ser uma delas. Ali, os estudantes são ensinados a confeccionar contestações e recursos variados, mas, criar um documento cujo destino não seja um tribunal é algo raro.

A verdade é que a preparação de documentos contratuais dispensa conhecimento jurídico. Consertar carros e programar computadores exige conhecimentos específicos de cada área, mas, criar obrigações entre seres humanos só depende apenas de suas capacidades de comunicação.

Em geral, todos são capazes de preparar contratos funcionais e simples de assimilar e que não gerem problemas no futuro.

RESISTÊNCIA EMPRESARIAL

Pouco antes da publicação deste livro, um dono de empresa me questionou qual seria a vantagem que ele teria ao preparar um contrato ele mesmo, quando poderia pagar alguém para que não tivesse essa preocupação.

Sem dúvida, ele falava de recrutar um advogado para essa função, desejando se concentrar naquilo em que ele é bom e reduzir seu tempo de esforço na condução de seus negócios.

Basicamente, essa é a objeção principal à absorção do conteúdo deste livro: lê-lo para quê, não é mesmo? Acredito que não serão poucas as pessoas que questionarão por que devem deixar de lado a forma tradicional de resolver as coisas.

Bem, para responder ao dono de empresa, precisei apenas lembrar das pessoas a que atendi na advocacia: ao contrário do que parece, empresários aumentam seu tempo de esforço ao delegar integralmente a um advogado a função de preparar as minutas contratuais de seu negócio.

Trata-se de uma troca cruel, porque, equivale a arriscar problemas com aqueles que os empresários mais estimam, mas que não costumam ser levados em conta nessa equação: os clientes. E terceirizar assim a comunicação com eles não é boa ideia.

De outro lado, o tempo de esforço dos advogados também é ampliado com essa passagem indevida de bastões. E, na maioria das vezes, o cliente da empresa precisará de outro advogado para compreender e executar o contrato, isso se não preferir se esforçar para assimilá-lo sem ajuda.

Na verdade, várias pessoas ganham com a correta organização de papéis: o empresário, o advogado e os clientes, fornecedores e parceiros do empresário. Mas esse benefício só pode ser obtido se o empresário tomar a inciativa.

Eu me pergunto se aquele dono de empresa resistente não tem pagado pelo serviço errado e dificultado seu próprio trabalho...

Parece que, aqui, há uma área na qual empresários em geral podem se destacar. Se eles desejam se concentrar naquilo em que são bons e otimizar seu tempo, não custa lembrar que seus clientes e fornecedores também querem o mesmo para si.

Trata-se de uma oportunidade para aprimorar a experiência dos usuários de contratos, que é do tamanho da responsabilidade dos empresários.

Para quem quer empreender e gerenciar o próprio negócio, a comunicação pode ser uma solução ou um problema. Afinal, sem uma boa relação com clientes, fornecedores ou colaboradores, não dá para avançar.

Esses grupos precisam conhecer a iniciativa que é conduzida no negócio e saber como interagir com ela e a documentação contratual é, na grande maioria das vezes, a ferramenta número um para que isso ocorra, o meio pelo qual tais grupos irão se vincular e aderir ao negócio.

Não dá para menosprezar ou, simplesmente, deixar isso para quem desconhece as rotinas da empresa.

GARANTIAS

Na realidade, as pessoas procuram os serviços de um advogado porque estão atrás de segurança, para saber onde pisam e evitar disputas, o que não deixa de ser perfeitamente recomendável. Só que existe, aí, uma confusão que precisa ser desfeita.

Um advogado apontará cenários possíveis, advertirá sobre cuidados práticos, indicará vantagens, dirá o que é ilegal e até poderá elucidar alguma terminologia de seu ofício. O aconselhamento jurídico não garante, entretanto, que um contrato seja espontaneamente cumprido.

As chances de um contrato ser cumprido variam mais em função de aspectos pessoais: caráter e capacidades das partes, por exemplo. E, considerando que até o comércio ilícito de drogas prospera e se organiza, pode-se dizer que a conformação de um contrato à lei tem um peso menor.

Seguramente, o judiciário só obrigará ao cumprimento de um contrato se isso não representar alguma ilicitude. E, mesmo nesse caso, o cumprimento forçado de um contrato ainda dependerá do caráter e capacidade de quem foi condenado, o que é a razão de tantos processos frustrados.

É por isso que, antes do fechamento de um contrato, é preciso considerar quem está do outro lado, independentemente dos meios de coação escolhidos para, eventualmente, impor a força lá na frente em caso de divergência.

Como a satisfação de obrigações contratuais está vinculada a uma grande carga de pessoalidade, a garantia que as pessoas buscam reside na relação em si: é a aproximação das partes que ditará o rumo do contrato. E aconselhamento jurídico tem pouca influência sobre isso.

Logo, a preocupação com o cumprimento contratual não é atendida só porque um advogado redigiu um texto para delinear uma relação da qual ele não faz parte. Aliás, seu natural distanciamento das partes pode ter efeito adverso.

O jeito é investir na relação em si e, sendo assim, no melhoramento da comunicação.

BRECHAS

Claro que muitas pessoas consultam um advogado por causa da ansiedade que têm para se precaver ou se beneficiar daquilo que chamam de "brechas na lei". Curiosamente, não é na lei que o advogado encontra brechas. As brechas estão nas atitudes que as pessoas tomam.

De acordo com o vocabulário popular, "brecha na lei" é o que faz a lei parar de funcionar contra algo inaceitável ou autorizar uma situação que ela própria proibiria, como no caso da perda do valor dado em sinal no cancelamento de uma compra de imóvel. Haveria, então, uma contradição.

Do ponto de vista técnico, porém, contradições entre normas são apenas aparentes, porque não são toleradas. Por esse motivo, critérios de exclusão e prevalência são utilizados para que uma norma seja considerada em desfavor da outra.

Então, se essas contradições legais estão fora de questão, os motivos para a ocorrência de das tais "brechas" só podem ser outros. E, na realidade, eles não são muito difíceis de identificar.

Em primeiro lugar, está a expectativa das pessoas, tanto sobre o que a lei deveria determinar, quanto sobre o que de fato teria ocorrido para que uma lei incidisse. Trata-se da percepção pessoal de cada um.

Em segundo lugar, está o fator da surpresa, já que, para ser encarado como "brecha", algo precisa ser repentino demais para que tenha sido esperado, caso contrário, a "brecha" seria antecipada e evitada, tornando impossível a colocação de um elemento novo no cenário.

A "brecha na lei" seria, então, uma "pegadinha", um movimento ousado do advogado, capaz de gerar um *plot twist* em favor de uma grande e até injusta vantagem. E, nesse jeito de ver as coisas, o advogado seria um gênio da desfaçatez, um mestre do desconhecido.

Se consideradas as expectativas e as surpresas que, em geral, as pessoas têm, então, para elas, as "brechas" ocorrem em grande frequência, fazendo a lei oscilar e torcer.

Só que, aos olhos daqueles que estão acostumados a trabalhar com a lei, ela é um dado estável, tendo em sua composição elementos já conhecidos e bem estudados.

Para quem é bacharel em Direito, não há tantas surpresas e variações, a não ser na conduta das pessoas. As leis já são familiares a promotores e juízes desde a faculdade, porque sempre estiveram onde estão, presentes e visíveis e suas possibilidades são conhecidas e estudadas.

Um exemplo é o das cláusulas que declaram que uma contratação não configura vínculo empregatício. Invocar esse termo técnico de nada adianta se a relação for mesmo de emprego, a exemplo do ocorrido em 2019 e 2020 entre a Loggi e os entregadores que usaram o aplicativo dessa empresa.

Nesse tipo de caso, a "brecha" que modifica os pratos da balança reside na conduta dos contratantes. É no comportamento das pessoas que se encontram os vacilos e os fatores de variação que fazem um caso judicial ser resolvido em determinado sentido ou em outro.

Discussões forenses sempre giram em torno de comportamentos. E, claro, o objetivo de um contrato é justamente o de orientar atitudes e, nisso, deve ser fielmente observado.

É obvio que sempre haverá disputas judiciais parecidas, mas que recebem soluções diferentes. Muitos atribuem essa diferença à habilidade dos advogados em explorar "brechas na lei". Só que esquecem que essa diferença deve ser atribuída, principalmente, ao juiz, que é quem sentencia o impasse.

A influência nos resultados das disputas que realmente pode ser atribuída, exclusivamente, ao advogado reside no respeito aos procedimentos ditados pelo juiz, que são quase sempre os mesmos, e na apresentação de provas de qualidade, que é o que, frequentemente, muda de um caso para o outro.

Isso também pode ser ilustrado com o exemplo que o Professor Charles Fried dava nas aulas que ministrava por Harvard: após o ataque de 2001 ao WTC, as seguradoras que prestavam cobertura ao edifício foram condenadas a custear o dobro do limite máximo de danos contratado, exceto uma.

Fried atuou como advogado dessa última seguradora, que evitou a condenação judicial porque o contrato era claro ao definir como era a cobertura para eventos sequenciados.

A maior parte das seguradoras estabeleceu cláusulas que consideravam o choque das duas aeronaves como eventos distintos, o que justificou a obrigação de pagamento em dobro.

Sem dúvida, Fried não explorou uma "brecha na lei". O que ele fez foi apresentar ao juiz um contrato bem redigido e diferente do das demais companhias de seguro. Se existente, a brecha estaria na comunicação empregada pelas partes, mais especificamente, no idioma em que o contrato foi escrito.

Sem dúvida, a qualidade de um contrato será determinante para processos judiciais, até mesmo para que eles nem sequer cheguem a existir.

Em eventuais disputas, portanto, o advogado será o Senhor da Prova, não o Charlatão da Lei. A grande parte de sua atuação consistirá na sondagem de comportamentos e decisões.

As brechas que devem ser prevenidas estão nas atitudes dos próprios contratantes, porque, é a prática que adotam que guiará a atuação de um advogado ou magistrado. Em outras palavras, no quesito contrato, a principal preocupação das partes deve estar nelas mesmas e na comunicação que travam.

TRABALHO EXTRA

É de se esperar que com o folclore e as falhas de comunicação que existem em torno da profissão do advogado, entre tantas confusões e contradições, a relação com seu cliente seja marcada por problemas na compreensão sobre quais serviços devem ser prestados por esse profissional.

Ora, todo contrato é uma forma de gerenciar expectativas e não é diferente em um contrato feito entre o advogado e seu cliente.

É comum que um empresário ou executivo confie a redação de um contrato para seu negócio a um advogado, na crença de que ele preparará um documento seguro, pouco importando a linguagem adotada.

Por alguma razão, espera-se que o advogado conheça o negócio melhor do que o seu dono conhece.

Isso já foi visto antes: em seu íntimo, geralmente, os clientes de um advogado nutrem uma ideia que pode ser expressa assim: "advogado, diga-me o que estou pensando de um jeito que eu não entenda".

Na prática, o que o ocorre é que, para chegar a uma minuta adequada, o advogado precisará descobrir o que o cliente tem em mente e correr atrás de informações sobre o funcionamento do negócio. Até então, ele terá apenas ideias vagas e desconhecerá as praxes da atividade.

Mas, dominado o *know-how* do negócio, é costume do advogado aplicar à minuta contratual seu emaranhado arsenal linguístico. Na maioria das vezes, o cliente fica satisfeito com a obra pitoresca que recebe, porque imagina que, apesar de ser exigido, o contrato escrito não passa de algo *pro forma*.

Esconde-se aí uma falha suprema de comunicação: esperar a leitura de pensamentos seguida de sua expressão por uma maneira que não possam ser confirmados. É a junção de duas impossibilidades.

Desdobrar o funcionamento de uma atividade em todos os seus itens, mesmo que para apresentá-los em contratos, não é papel do advogado. Isso o próprio empresário ou executivo pode e deve fazer. Afinal, eles são os senhores do negócio.

Em cada uma das vezes que eu fui escolhido para produzir uma minuta contratual, fosse para empresas ou profissionais liberais, investi horas para ouvir meus clientes e tomar notas sobre as nuances de suas atividades, mas, reconheço que as coisas podem ser mais eficientes que isso.

Dificilmente, há modelos de negócio idênticos, mesmo que envolvam produtos e serviços idênticos e essa é a razão para que tantas atividades semelhantes coexistam no mercado. Cada situação possui inúmeras particularidades que impactam decisivamente nos resultados propostos.

O advogado não pode determinar como será o estilo e o modo de operar do negócio desenvolvido por seu cliente. Mas esse seria o resultado inevitável caso a minuta de um contrato fosse confeccionada sem instrução direta do dono do negócio.

Ocorre que a vocação do advogado é outra. Ele não é um consultor de negócios. Isso seria trabalho extra e, portanto, remuneração extra. Claro que o advogado precisa ter boas noções sobre o ramo de atividade de seus clientes, mas isso não é o mesmo que dominar suas rotinas de operação.

Caso o cliente apresentasse com antecedência uma minuta que considerasse ideal para seu negócio, não só a atuação do advogado seria otimizada, como as coisas progrediriam com mais velocidade.

Aliás, se agisse assim, o empresário dominaria o processo de produção do documento e administraria mais facilmente os prazos de conclusão do trabalho do advogado, valendo lembrar que é corriqueiro que departamentos jurídicos exercitem longamente a paciência dos outros.

Com o advogado concentrado em seu ofício próprio, até mesmo as posteriores sugestões de alteração da minuta contratual seriam discutidas e avaliadas com mais agilidade, simplesmente, porque a comunicação foi ajustada e as expectativas foram bem geridas.

CONTRATOS FIÉIS

A disponibilidade de informações na rede mundial de computadores é imensa, o que é um convite aos que desejam encontrar uma minuta contratual para empregar em seus negócios: um ou outro modelo sempre estarão disponíveis, basta pesquisar pelo nome adequado.

Reproduzir os textos de outros é uma maneira rápida de aplacar a ânsia por alguma segurança, mas essa alternativa é tão porca quanto copiar o trabalho escolar de alguém, o que é piorado quando trechos sem continuidade de diferentes autorias são aglutinados para formar um só texto.

Nada contra a utilização de modelos "pré-fabricados" como forma de orientação e fonte de consulta. Ocorre que esses modelos contam a história de outros perfis, de outros tempos e de outros lugares, o que exige, no mínimo, uma adaptação.

Contratos precisam ser documentos autorais e refletir a imagem de seus criadores, senão haverá eventos dissociativos durante a execução das cláusulas, o que é, também, uma questão de identidade: o estilo de comunicação precisa ser um só no papel (ou ambiente digital) e na realidade dos contratantes.

A assinatura das partes deve aparecer não somente no fim do documento, mas em cada uma de suas linhas e instruções, percorrendo o texto por completo, para que ele seja uma expressão exata das partes.

Afinal, as pessoas costumam gostar daquilo que se pareça com elas.

O contrato precisa ser fiel às partes, assim como as partes precisam ser fiéis ao contrato, o que elimina dificuldades na interpretação de suas intenções e permite uma identificação pessoal com o documento, elemento importante para a construção da confiança e o cumprimento do ajuste.

Por isso, é muito melhor construir minutas a partir do zero do que aplicar "modelos prontos" à relação. Mesmo em casos em que uma das partes já oferece a minuta finalizada à outra, esta considerará o quanto tal minuta corresponde ao procedimento e à forma de comunicação daquela.

Infelizmente, é comum que um medo force na direção oposta. A preocupação com o cometimento de algum erro quanto à legalidade do contrato instiga a parte a copiar uma minuta feita por outra pessoa. Só que todo esse escrúpulo não passa de fantasia. É apenas medo de contratar.

Ceder a esse medo costuma dar em minutas que emanam ares de incerteza, que é exatamente o que se deve evitar ao contratar. Movendo terra de um buraco para outro, a parte se persuade, em certo grau, de que agiu bem, mas também fica incomodada e pouco à vontade.

Isso é cômico como uma roupa mal ajustada ou uma tatuagem ruim em alguma parte do corpo à mostra. E não deixará de ser notado.

Do outro lado da relação, diante de textos inadequados à proposta, a outra parte desconfia se sua contraparte sabe mesmo o que faz, ou se trama algo diferente do que está escrito ou do que é convencional.

Como parece óbvio, esse é o tipo de coisa que arranha a relação, porque não é honesto.

Ora, se uma parte se provar incapaz de explicar coerentemente à outra o que consta em cada pedaço da minuta contratual, o que se pode esperar é, com certeza, o fim indesejado da relação, até mesmo nas fases preliminares de negociação.

Com frequência, prefere-se ignorar o que está escrito, mas isso é garantia de surpresas mais adiante. Alguns chegam a dispensar qualquer escrito como mostra de confiança, mas isso já é um mau presságio por si só.

Minutas bem redigidas conterão textos fiéis e que preservam a confiança mútua, produzindo tons fortes de convicção e previsibilidade, o que é saudável em qualquer negócio. Dessa forma, a documentação será uma expressão aprimorada daquilo que as partes são.

O que faz um contrato ser bom é ser cumprido por seus autores e essa identidade entre criador e obra dará poder para sua correta execução. O nome disso é espontaneidade.

IDIOMA DA DISCÓRDIA

Existem democracias pouco amadurecidas, como o Brasil, em que a cultura de complacência e menosprezo é bem enraizada, com muita satirização e pouca responsabilização, cheia de atropelos e transgressões, já que se fantasia que exista uma licença implícita de que nada é assim tão sério.

Vale a pena lembrar que, há algumas décadas, alguém inventou a frase célebre que diz: "o Brasil não é um país sério". Essa ideia parece lá ter sua cota de verdade, mas também de contexto histórico, servindo para apontar algumas características marcantes deste país.

Essa descontração verde e amarela é vista com bons olhos no exterior por ser uma assinatura muito particular dos diplomatas brasileiros, que têm a inconfundível vocação de contornar problemas e evitar um enfrentamento resoluto, sendo ótimos conciliadores por isso.

É igualmente verdade que as coisas andam melhor no Brasil quando azeitadas com uma dose de humorismo. Mas essa irreverência tem algo de acomodada: tal desprendimento também indica que o brasileiro desencana com facilidade e evita as resoluções que faz, desejando o caminho fácil.

Ora, se falta comprometimento, o grau de agregação social tende a ser baixo se o assunto é apresentação e concretização de projetos, sendo a improvisação a regra, adiando-se muito para a última hora:

há imprevisibilidade e torna-se custoso compartilhar planos e distribuir tarefas.

Não é à toa que também é difícil contar com a própria legislação brasileira – retrato de seu povo –, porque é inconstante e se modifica com frequência, esbanjado instabilidade. E, sem um compromisso com a solidez e firmeza de propósitos, a própria lei vai criando focos de desordem.

Para se ter uma ideia mais clara dessa questão, é possível considerar outra característica recorrente na população brasileira: a motivação para se comprometer e cooperar tende a ganhar força apenas em episódios casuais de desastre, comoção social ou de corrida eleitoral.

Ora, se a sociedade não consolida o costume de cooperar e de abraçar projetos abrangentes, então ela se habitua a desagregar e o faz de modo imprevisto e desleal. Com um contexto assim, o conceito de amadurecimento progressivo não faz sentido.

Em um meio descoordenado, é comum haver choques; é como no trânsito. E, facilmente, esse choque pode virar um problema. E, depois que o problema de instala, ninguém quer resolvê-lo.

Eventual acordo exigiria cooperação, mas, se a desconfiança é o que reina, já não se negocia mais. Ora, se não há acordo, a "solução" é judicializar o problema, ou seja, convocar o estado para impor um resultado. Aqui, aparece o curador dos embates da sociedade.

Como não poderia deixar de ser, o judiciário é saturado de bacharéis em ciências sociais: advogados, juízes, escrivães... Como não poderia deixar de ser, a comunicação que é adotada em um meio que inspira conflitos é diferente daquela comunicação que é adotada em um meio feito para resolvê-los.

A linguagem adotada no meio forense é uma linguagem técnica de resolução de disputas, muito conveniente ao desdobramento impessoal das questões e ao distanciamento emocional daqueles que vão desatar os nós, mas que não fazem ideia de quem as partes são.

Com o conflito judicializado, há uma intervenção de pessoas alheias ao caso, que têm um modo de se comunicar geralmente desconhecido para os envolvidos. E essa é uma tutela desagradável, que lembra a intromissão dos pais nas brigas entre seus filhos adolescentes: sempre se grita injustiça.

Por esse motivo complementar, deve-se evitar o uso de linguajar jurídico em contratos, como se eles fossem dirigidos a um juiz, que é alguém externo à relação contratual.

Além disso, é preciso considerar que todo magistrado já compreende o linguajar comum, o que torna sem sentido o uso de uma redação técnica em contratos só para garantir uma comunicação melhorada com a autoridade.

Termos técnicos servem apenas à organização de ideias, não a sua concepção, o que demonstra que o uso de um palavreado técnico não passa de prenúncio de que o contrato será um problema judicial futuramente.

Sem contar que juízes não se sentem abençoados por ter de lerem documentos volumosos. Frases excessivas e fastidiosas geram dificuldade na análise, inclusive por um magistrado, naturalmente já sobrecarregado pelo excesso de letras e pelo contato intenso com uma infinidade de conflitos.

Diante de um panorama como esse, é inevitável pensar que alguma coisa precisa mudar na forma com que se costuma administrar compromissos e desavenças no Brasil.

O certo é que documentos contratuais cuja redação é adequada e concisa evitam disputas e reclamações, desviando a relação da difícil rota de uma solução judicial. E essa é uma questão de maturidade e de cada um saber como resolver os próprios problemas; sem isso, outros terão que resolvê-los.

PREGUIÇA EXISTENCIAL

Outro traço brasileiro bem característico e atual é a compulsão por timbre, carimbo e homologação. Há uma premissa falsa de que uma chancela de cima é sempre necessária em tudo. Não é preciso esforço para imaginar que isso é frustrante para qualquer processo criativo.

Isso é algo próprio da educação no país, que não prioriza o protagonismo intelectual, mas a memorização de informações. Criar categorias novas e avançar além do proposto em sala é considerado esquisito, preferindo-se acomodar novidades em categorias antigas (rotulagem).

Com isso, espera-se que aquilo que importa venha de cima pronto para consumo, consolidado e ajustado. Do contrário, há aversão e surge a noção de que alguém usurpa uma posição, que não é sua. Esses são os efeitos colaterais da superburocratização.

O Brasil é mundialmente reconhecido por ter um estado que baixa regulamentações abrangentes e incisivas sobre quase tudo, a ponto de impressionar estudiosos de outros países, o que dá uma pista sobre uma inclinação paternalista ou controladora.

Faz sentido, então, questionar se não seria o caso de que boa parte da população brasileira elege governantes projetando sobre eles expectativas de que formem uma realeza benevolente, não uma classe de servidores produtivos (é curiosa essa relação do brasileiro com a autoridade).

Em geral, a sensação de quem recebe provisões do alto é de segurança; e renunciar a ela é extremamente desconfortável. Como bônus, vem a ilusão de que as responsabilidades não corresponderiam a quem se coloca embaixo, mas a quem é visto acima.

Quem adota essa forma de ver as coisas é resistente à consideração, à ponderação e à deliberação de novas ideias. Chega até mesmo a sofrer quando não há quem certifique suas ações e, também, a se ofender com a opinião daqueles que não reconhece como superiores, algo que tacha de usurpação.

Não é à toa que as críticas são recebidas como insulto.

É difícil sustentar uma cultura de inovação no Brasil, sendo raro o engajamento à ideia de produzir conteúdos originais de maneira consistente. A não ser que se trate de soluções de improviso, com frequência, surgirá aquela objeção: "é preciso que alguém já tenha feito isso antes".

Com um cenário assim, as pessoas mostram mais entusiasmo quando têm ordens a cumprir, já que acatá-las não implicaria grande responsabilização sobre seus custos e riscos, mas a possibilidade de terceirizar a culpa e de reduzir seu esforço intelectual por se tratar de uma ideia emprestada.

É considerável o número daqueles que andam por aí à busca de alguém que lhes confirme o que fazer e como raciocinar. Além do que, diante de tantos estímulos nesse sentido, chaga a se formar uma preguiça de pensar.

Por isso muitíssimas mentes andam alheias a detalhes e pouco criteriosas para discernir as coisas. Quando topam com o novo, tratam como transgressão e demonizam. Não discutem propostas, mas salvadores; e mesmo estes, quando não estão suficientemente adornados, viram demônios.

É quase idílico pensar que quem está desorientado sempre achará alguém disposto a emprestar sua aprovação e acolher com seu guarda-chuva protetor. Mesmo assim, esse tipo de pensamento não é raro por aqui: a iniciativa quase não é despertada, pois o medo de inovar é recorrente.

Sendo pouco desejada a emancipação, é grande a resistência à proposta de dar um passo adiante e preparar minutas contratuais fora do convencional. Mas essa oposição só existe como decorrência de motivações fantasiosas, sendo muitos os benefícios para quem desiste delas.

CAMPO MINADO

Vocabulário jurídico só tem utilidade quando dirigido a quem é profissional da área. Sua utilização em documentos que precisam circular por outros públicos não cria vantagem, a não ser a de criptografá-los.

Isso contraria, em parte, a premissa de que profissionais do Direito sejam, também, profissionais da comunicação. Afinal, comunicação é o ato de tornar comum, ao passo que o linguajar dos bacharéis parece ser de acesso restrito.

Existe até mesmo uma disciplina de estudo que se convencionou chamar de "Português Jurídico", um conjunto de recursos expressivos, nomenclaturas e rituais de apresentação que é um facilitador da comunicação entre as pessoas que fazem parte do ramo: trata-se do famoso juridiquês.

E, a todo esse arsenal técnico próprio, há uma multidão de profissionais da área que ainda acrescenta um linguajar, no mínimo, "luxuoso", criando, assim, um juridiquês com esteroides.

Esse hábito improdutivo deixa suas vítimas: por ser advogado, sou frequentemente procurado por algumas delas para "traduzir" minutas contratuais elaboradas por outros profissionais, o que evidencia o tamanho do obstáculo à comunicação.

Frases longas, construções rebuscadas e palavras exóticas costumam acusar que o autor de um texto é bacharel em Direito. Se isso for uma carta de amor a uma jovem, ela precisará de um dicionário e, caso o autor deseje ocultar sua identidade, encontrará dificuldades.

No Brasil, inventaram um termo pejorativo para essa ânsia de usar palavreado difícil: bacharelice. E foi apropriado.

Somando essa palavrice com o juridiquês, o resultado é quase surreal! Embora um costume, isso cria um risco desnecessário e dispendioso em matéria de contratos, não que o texto seja um campo minado, mas o é o conjunto de lapsos e suposições de quem assina a minuta sem decifrá-la.

E, para resolver um enigma assim, não bastaria descobrir os significados possíveis de cada palavra, pois os termos de qualquer idioma variam de significado de acordo com cada contexto, estejam eles sentido comum ou técnico.

Decifrar textos não deveria ser a preocupação de quem precisa fechar um contrato. Logo, ao advogado que assume a tarefa de apresentar uma minuta contratual, cabe o dever de entregá-la "traduzida" para o linguajar corrente das partes e o de corrigi-la se o texto não estiver de acordo.

Caso alguém afirme que o papel do advogado é o de interpretar a linguagem das leis, isso só reforça o ponto: cabe ao profissional, então, falar a linguagem dos dois mundos e, assim, conectá-los sem fazê-los reféns.

Isso é simples de entender: se, além do português, alguém conhece o idioma alemão, não faz sentido que redija um documento em português se ele é destinado a alguém da Alemanha: ao alemão,

46

alemão; ao brasileiro, português. Isso é da natureza das coisas e também se aplica ao advogado.

A grande autoridade em um contrato são suas partes e sintonizá-las é o objetivo em toda minuta contratual, eliminando, de imediato, dúvidas, ambiguidades e suas incertezas. Afinal, se um contrato chegar às barras da justiça, será, em geral, por iniciativa de um contratante frustrado.

NOMENCLATURAS

Todo termo técnico serve para dar nome a elementos próprios de uma área de conhecimento. Ele não interfere na realidade nem cria coisa alguma, apenas batiza, pois, dada a falta de propriedades mágicas, nada surge de seu uso. E, caso o nome dado não agrade, ele pode ser mudado.

É por essa razão que não se deve temer a falta de expressões jurídicas em uma minuta contratual. Elas podem ser substituídas facilmente sem prejuízo e sem desnaturar o contrato, já que o ato de escrever palavras não ativa realidades.

Nomenclaturas surgem em todo canto para agrupar características e uniformizar conceitos. É o que acontece a respeito daqueles carros que possuem integração do compartimento de passageiros com o porta-malas acessível pela porta traseira: *hatch* é o nome que resume a obra.

A escolha desse nome não cria condições para que um carro com esse design exista, servindo apenas para entender que não se trata, por exemplo, de um sedã. Aliás, alguns preferem os nomes cinco-portas ou três-portas; que assim seja.

O mesmo acontece com o sorvete. Ninguém pensou em um nome para a iguaria antes que ela fosse concebida ou apresentada. Deram-lhe esse nome depois. Aliás, o doce possui até outro nome, tão utilizado quanto o primeiro: gelado.

Nomenclatura é questão de convenção. Alguns nomes até contêm erros óbvios, mas, permanecem ativos por serem consagrados: é o caso dos índios como nativos brasileiros e dos *coachs* como animadores de auditório.

O que se busca é uma coesão, sendo que nada impede que documentos contratuais criem suas próprias nomenclaturas com esse propósito. A única régua para tanto é a manutenção da coerência.

É com esse espírito que *gamers* criam seus próprios jargões. Em partidas multijogador dos famosos League of Legends e Counter-Strike, por exemplo, expressões conhecidas como *miado, rush, tankar, call* e *tiltado* são universais e amplamente utilizadas para favorecer a integração de equipes.

O emprego de uma linguagem seja técnica, *démodé* ou charmosa depende somente da aprovação daqueles que estão em contato. E, tratando-se de um documento que retrata uma relação jurídica, convém lembrar que o Direito é que deve servir às pessoas, não o contrário.

Preocupar-se que a legislação trate previamente das questões que entrariam em um contrato é inversão de valores, pois é a lei que sempre corre atrás da realidade, algo fácil de ver no fenômeno das *fintechs*, que só receberam menção legal recentemente, após anos de negócios bem sucedidos.

Não é necessário, portanto, que a forma escolhida para a comunicação em um contrato seja bela ou semelhante a um compêndio jurídico. Basta que ela funcione e, portanto, faça com que os participantes completem seus objetivos ou resolvam um problema.

Assim, na redação de uma minuta contratual, não importam as denominações e se são escolhidos termos jurídicos ou de significado comum. O que importa são os efeitos desejados, não a maneira como eles são classificados por estudiosos do Direito.

O DESAFIO

Em seu próprio meio, empresários e executivos não só estão livres para elaborar as minutas que aplicarão em seus negócios, como também costumam redigir, sem esforço, textos mais funcionais que os textos de autoria de advogados.

É preciso repensar a comunicação jurídica fora dos meios especializados. Afinal, criar obrigações e vínculos contratuais é uma prerrogativa que todos têm.

A inventividade e a perícia de um bom negociante jamais devem ser subestimadas, inclusive no momento de transportar para o papel (ou outra matriz) os entendimentos que ele propõe ou conquista. E o resultado disso tende a ser muito proveitoso.

Em uma mesa de negociações, a vantagem de uma minuta autoral é facilmente percebida: as partes poderão compreender com agilidade as informações pertinentes, poderão contribuir mais ativamente com suas sugestões e poderão economizar tempo precioso. Isso significa autonomia.

Tal realidade tem desdobramentos interessantes: ela não só conduz à elaboração de minutas funcionais sem a atuação de advogado como também permite a limitação das intervenções desse profissional à sua área de competência.

Até mesmo nos casos em que o advogado elabora a minuta, existe a conveniente opção de ele redigir textos mais acessíveis. E, caso as partes tenham dificuldade para compreender, sempre poderão cobrar outra redação. Afinal, o documento será para elas, não para o advogado.

Rever o modo de se comunicar com contratos significa promover a ruptura do medo de agir com iniciativa e, simultaneamente, gerar a segurança desejada por aqueles que decidem estabelecer seus contratos em seus próprios termos.

Este livro foi escrito com o propósito de quebrar o misticismo que fizeram da realidade das coisas. Há uma barreira de comunicação que se comporta como uma aura encantada que convence as pessoas quanto à crença de que contratos precisam de runas jurídicas brilhantes.

Apresentar noções de Direito está fora de questão nesse contexto. O diferencial é utilizar métodos e testes de comunicação úteis ao sucesso das relações contratuais, o que, no frigir dos ovos, pode ser visto como uma solução jurídica, ou melhor, uma solução para eliminar problemas jurídicos.

Afinal, uma minuta contratual redigida em linguagem estranha para os contratantes evidencia que seu contrato já deu um passo na direção do fracasso. É preciso valentia e um caminho diferente desse deve ser trilhado. Felizmente, há ferramentas apropriadas à tarefa.

FUNDAMENTOS LEGAIS PARA A CRIATIVIDADE CONTRATUAL

Se existe algum mago dos contratos, esse não é o advogado. Os verdadeiros agentes de sucesso são aqueles que trazem para a vida algo novo, relações novas, processos novos, soluções novas.

Aos que sempre buscam a aprovação técnica de advogados, é redentor saber que esses profissionais concordam que a própria legislação reconhece esse protagonismo dos contratantes e assegura que a criatividade seja sabiamente exercida.

Por exemplo, o Código Civil atual está repleto de disposições nesse sentido. Uma delas está no artigo 112: "Nas declarações de vontade se atenderá mais à intenção nelas consubstanciada do que ao sentido literal da linguagem".

O que a lei recomendou, nesse caso, foi escrever com naturalidade, porque um documento contratual com um texto empolado de pouco adianta se ele não retrata o que as partes têm em mente. Espontaneidade é, portanto, a chave aqui.

Já no artigo 425, está escrito: "É lícito às partes estipular contratos atípicos". Há liberdade para estipular obrigações e criar estruturas contratuais inéditas, o que é uma repreensão ao famoso "copia e cola", de sorte que, se um negócio mostra-se algo brilhante, não se pode apará-lo com minutas obsoletas.

Essa liberdade amplia-se até mesmo para os critérios de distribuição dos riscos presentes em cada negócio. O artigo 421-A alerta que "a alocação de riscos definida pelas partes deve ser respeitada e observada", uma blindagem contra a interferência judicial.

Todo contrato é, ademais, um alinhamento de expectativas e elas precisam de certeza e clareza, como o artigo 110 insinua: "A manifestação de vontade subsiste ainda que o seu autor haja feito a reserva mental de não querer o que manifestou, salvo se dela o destinatário tinha conhecimento".

Já o artigo 113 aponta que os contratos possuem um peso colossal de pessoalidade, indicando que usos, costumes, práticas e comportamentos dos envolvidos devem integrar as normas contratuais. Aliás, parte dessa disposição é: "As partes poderão livremente pactuar regras de interpretação".

Claro que, em relações de consumo, há muitas vantagens previstas para quem é cliente. Mas essa diferença criada pela lei obedece a uma máxima antiga do mundo dos contratos.

Embutida no artigo 42, do Código de Defesa do Consumidor, encontra-se a máxima "o cliente sempre tem razão", mas desta forma aqui: "As cláusulas contratuais serão interpretadas de maneira mais favorável ao consumidor".

Em geral, nos negócios realizados dentro de cadeias produtivas, entre empresas (formato B2B), a regulamentação legal não é tão feroz em comparação com os negócios feitos com o consumidor lá no fim da cadeia, que são, geralmente, acompanhados da figura do contrato de adesão.

Um contrato é de adesão quando uma das partes deixa de participar da formulação de suas cláusulas. Essa é uma formatação histórica, vinda da realidade industrial, que nada mais faz do que resumir a experiência do fornecedor com o que pode dar certo ou errado no seu ramo de atuação.

Quanto maior uma empresa, mais comprimido fica o espaço de manobra concedido a quem negocia com ela. Essa pressão de barganha afeta especialmente o final da cadeia, o consumidor, que adere a uma proposta sem poder discuti-la, justificando o favorecimento legal.

É por causa do domínio dessa esfera de barganha que surge o hábito da padronização de minutas. Porém, além de reconhecer essa desigualdade, tais minutas precisam consolidar a complexidade dos conhecimentos empresariais com o desafio de uma comunicação clara com a outra parte.

Há setores regulamentados, como seguros, energia e valores mobiliários, em que a lei impõe cláusulas aos contratos. Mas isso não deveria espantar aqueles que atuam nessas áreas, porque já estão, por definição, alertas a seus riscos, normas e pontos cegos.

Na verdade, o que a regulamentação de contratos faz é apontar que certas questões não são negociáveis, mas "transações obrigatórias", por mais estranho que isso possa parecer.

Felizmente, a regulamentação recai sobre questões majoritariamente secundárias, como prazos, locais, valores, pacotes de serviço, garantias, encargos com entrega ou registro e por aí vai.

Quanto à intervenção de advogados, há uma curiosidade na lei: o Estatuto da Advocacia exige que contratos de sociedade recebam um visto de conferência desses profissionais. Mas isso é diferente de exigir que eles redijam o documento, algo que pode ser feito por quem desejar.

E mesmo que se decida que será um advogado a guiar a formulação de uma minuta contratual, em segmentos com ou sem regulamentação, ainda assim permanece uma questão: há necessidade de clareza e adequação dos textos empregados na formação de uma minuta contratual.

Esse é o tipo de orientação que seria extremamente benéfica dentro do setor público, em que contratos administrativos costumam se fundir a editais de licitação e a regras salpicadas em várias leis diferentes, o que resulta em minutas contratuais pouco amigáveis.

Seja como for, a legislação estimula a independência e a criatividade na composição dos textos contratuais, desde que a comunicação dê certo. E, mesmo quando a lei já estipula certas cláusulas, ela preserva essa liberdade sem impor algemas a quem atua em ramos regulamentados.

A ALMA

Certa competência artística é necessária para toda forma de comunicação humana. É exatamente por essa razão que certas analogias são possíveis.

Quem está acostumado ao mundo dos instrumentos musicais não tem superstições quando vê um bilhete colado a um violino e que diz: "cuidado, instrumento sem alma".

Para instrumentos acústicos de corda como um violino, a alma é um elemento com uma história intrigante. Antes de terem alma, violinos tinham sons mais estéreis e não resistiam bem à sua própria estrutura.

Naturalmente, as cordas de um violino criam tensão contra a extremidade de uma haste fixa, o que torna o arqueamento um desafio. Sem providências, o braço do instrumento empenará com o tempo, a ponto de atrapalhar a afinação e quebrar até mesmo a caixa acústica.

De um jeito curioso, um anônimo deu uma solução para esse problema há alguns séculos. Ele fixou uma barra de madeira no interior do instrumento para contrapor a tensão das cordas nas paredes internas e reforçar a estrutura da caixa: o resultado surpreendeu, dando nome ao utensílio.

A alma ganhou esse nome porque eleva drasticamente a qualidade sonora ao transferir vibrações pelo corpo do instrumento.

Ela dá vida a ele porque cria uma conexão entre pontos antes desligados.

A tremenda diferença que esse "palito de madeira" faz pode ser vista na expressão que qualquer *luthier* faz ao ler um alerta de violino desalmado.

Desde essa descoberta, a composição, o formato e o posicionamento da alma viraram objeto de estudo. E, embora seja possível tocar um violino sem alma, a preferência por um instrumento mais vívido é avassaladora, não só por gosto musical, mas também por resistência estrutural.

Pela mesma razão, contratos precisam de alma, a fim de se evitarem deformações e desafinos que, de outra forma, ocorreriam. Uma minuta contratual precisa de vida tanto quanto um violino, pelo bem dos concertistas e de sua audiência.

Essa é uma questão de boa expressão. Instrumentos sem alma não entregam tudo aquilo que seu usuário pode ofertar, seja no caso de um violino, seja no caso de um instrumento contratual.

PARTE II:

UM CAMINHO PARA A MUDANÇA

CRIANDO CONTRATOS DESCOMPLICADOS E EXTRAORDINÁRIOS

A simplicidade é uma habilidade que vai dominar o mundo.

Infelizmente, tornou-se cômodo o hábito de adotar contratos com redação difícil e quilométrica. Indústrias, franquias, clínicas, artistas, investidores, redes sociais, start-ups em geral, publicitários e órgãos públicos ainda têm insistido em documentos extensos e impessoais, infelizmente.

Caminhar em uma direção diferente pede um pouco de movimento, mas, está aí um movimento que vale a pena, pois, simplificar é não só possível, como necessário: a hora é propícia a um recomeço.

Na feitura dos contratos, a primeira coisa a se fazer é acrescentar doses de personalidade. Isso implica a preparação de textos que considerem os atributos particulares de cada lado do ajuste. Dito de outro modo, é preciso evitar conteúdos genericamente impessoais.

Por si só, isso trará um avanço considerável. Mas essa pessoalidade não significa colocar emoções ou impressões subjetivas em alta posição de importância, mesmo quando se tratar de uma relação contratual que abranja questões artísticas ou psicológicas.

Para ser segura, a personalização de um instrumento contratual deve considerar o papel e a situação específicos de cada participante da relação, o que rende informações objetivas e de mais fácil verificação. Em outros termos, trata-se de expor um pouco da história que envolve a contratação.

É possível aplicar essa lógica inclusive a contratos de adesão, em que a minuta é preparada sem participação de todos os contratantes, já que há disponibilidade de informações sobre hábitos de compra de clientes e sobre estilos de gestão de empresas.

Por mais espantoso que seja, esse redirecionamento permite que minutas contratuais sejam, ao mesmo tempo, mais concisas e mais contextualizadas, conduzindo à redução de seu tamanho sem a perda de informações (na verdade, incrementando-as).

Não se trata de tornar mais flexíveis as regras inseridas no contrato ou de reduzir a sua quantidade. Trata-se de tornar sua compreensão menos truncada e mais ágil, mais acessível afinal de contas.

Uma expressão adequada que sintetiza essa concepção seria: "pouco Direito, muita realidade". Descomplica-se a relação e multiplicam-se suas possibilidades de desenvolvimento, fazendo o contrato caminhar com mais fluidez para seu objetivo, que é o cumprimento do combinado.

Há diretrizes simples que são empregadas para tanto e que já são exploradas de várias maneiras positivas, produzindo confiança, diminuindo riscos jurídicos e evitando reclamações, além de facilitarem processos de negociação e processos de verificação de conformidade (*compliance*).

Para a concepção de uma minuta contratual eficiente, é preciso assumir uma posição que privilegie a incorporação de traços particulares das partes, a clareza de objetivos e um jejum de palavras.

É claro que, em toda contratação, concorrem variados elementos de comunicação: cultura, estilos de escrita, regras gramaticais, lógica, estruturas psicológicas e outros aspectos da humanidade. Mas, administrar esse mosaico de variáveis não é sufocante como parece. Na verdade, traz redenção.

Como resultado, atribui-se velocidade à construção e à análise do texto, facilita-se sua memorização e cria-se um componente do senso de confiança e de identificação dos usuários de um documento contratual. É tudo o que se procura em um contrato hoje em dia: uma filosofia *smart*.

A incorporação desses benefícios envolve um movimento com duas fases e será simulada adiante com um curto exemplo de um contrato entre uma fotógrafa e uma modelo profissional, considerando que a fotografia é recorrente na sociedade atual e fácil de se compreender.

TRÊS FORMATOS DE CONTRATO

De acordo com a conveniência de quem contrata, a estruturação de comandos contratuais pode assumir diversos formatos. Basicamente, três padrões de organização de ideias se revelam depois que uma minuta contratual é concluída: o linear, o paralelista e o cêntrico.

Optar previamente por algum desses padrões não mudará o eixo do planeta. Aliás, a escolha inicial pode ser alterada posteriormente sem qualquer prejuízo. Não há algemas aqui.

Por outro lado, saber diferenciar essas silhuetas contratuais ajudará na organização de informações. Contudo, é preciso ter em conta que são raros os contratos com perfis puros, que tenham características exclusivas de um perfil apenas.

Perfil linear:

Esse perfil estabelece turnos para a ação das partes, alternados ou não. Aqui, o cumprimento de um comando é pré-requisito para o cumprimento do seguinte. As obrigações são postas em fila e o progresso na execução do contrato trava até que as etapas sejam satisfeitas na sequência estabelecida.

Esse é o formato mais simples. É, também, o mais adequado para profissionais liberais que prestam serviços de curta duração e empresas que vendem produtos no final da cadeia, incluindo médicos, varejistas em geral e publicitários.

É o famoso "pagou, levou, acabou", em que o vínculo contratual é fechado e tem objetivos pouco ambiciosos ou uma duração que pode ser considerada instantânea.

O perfil facilita a fiscalização do andamento da relação contratual, pois é preciso que os participantes demonstrem o cumprimento de suas atribuições em tempo real.

Perfil paralelista:

Trata-se de um perfil que aplica o perfil linear em duas ou mais vertentes independentes e concomitantes. Assim, os comandos contratuais ficam dispostos em filas que andam em paralelo dentro do mesmo contrato, mas que se referem a assuntos distintos, embora correlatos.

A organização em filas paralelas é comum em contratos com duração prolongada e que exijam controle e hierarquia, algo recorrente em concessões públicas. No ambiente privado, o formato é conhecido das empresas que se posicionam no meio de cadeias produtivas, como as distribuidoras.

Graças à diversidade de papéis atribuídos a cada um dos participantes do contrato, o costume é que eventual prestação de contas deixe de ocorrer durante o passo a passo da execução contratual e passe a acontecer em ocasiões mais esparsas.

Perfil cêntrico:

Este é o perfil que melhor expressa aquilo que seria equivalência de forças e atenuação de controle. Nesse formato, evitam-se cursos de ação preestabelecidos ou filas de tarefas. Há a definição de um foco ao redor do qual gravitam obrigações independentes ou, até mesmo, aleatórias.

O interesse se volta, primordialmente, para a apresentação de resultados, enquanto o meio a ser escolhido para isso torna-se uma opção, que varia com a criatividade e a sagacidade de cada um dos participantes, que ficam livres para combinar atributos ou deixar de usá-los.

Em geral, o perfil cêntrico corresponde a contratações muito complexas e de longo prazo. A maioria das grandes corporações conhece esse formato, que também é comum na formação de parcerias, em franquias de ponta e em grandes empreendimentos.

Representação visual dos perfis:

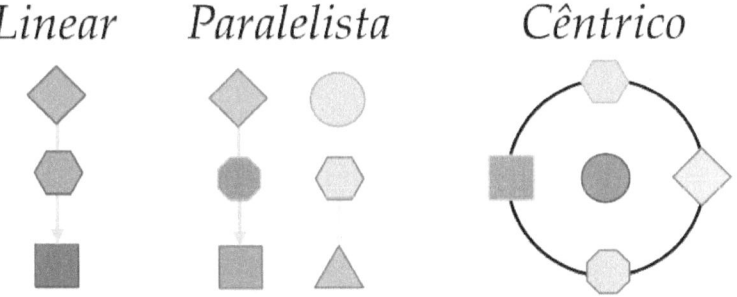

Na simulação de contrato entre fotógrafa e modelo desenvolvida logo a seguir, as informações serão organizadas em formato linear, por ser esse um padrão universal e de mais fácil compreensão. Nada impede, todavia, que outro perfil seja adotado ou, até mesmo, que seja utilizado um perfil misto.

Correspondências com os critérios de classificação:

A classificação dos perfis tem por base as possibilidades de interação entre as obrigações contratuais. Entretanto, é possível notar que outros elementos costumam acompanhar esse critério.

O grau de versatilidade das interações possíveis também oscila de acordo com a concentração de riscos e responsabilidades entre os contratantes.

Quanto mais paritárias forem as condições contratuais e as funções dadas às partes, maior será a tendência do contrato para um perfil cêntrico. Ao contrário, quanto menor essa paridade, maior será a tendência para um perfil linear.

AS DUAS FASES

Basta um movimento com duas fases curtas para criar minutas contratuais eficientes e honestas.

Primeira fase: delineamento do contexto:

Antes de iniciar redação de uma minuta, é preciso identificar os elementos principais da interação entre as partes e, então, situar o contrato nesse contexto. Isso pode ser feito delineando-se três elementos:

1) *Partes*: quem estará no contrato e quais seus atributos e recursos relevantes;

2) *Alcance da atuação*: o que é desejado em última instância entre os que estão no contrato;

3) *Influência exercida*: quais métodos e procedimentos serão aplicados para atingir o alcance desejado.

Pela ilustração proposta, já possuindo conhecimento recíproco, fotógrafa e modelo iniciam um novo contato para se encontrarem em um restaurante, verificando que, com uma relação profissional, ambas poderiam se beneficiar, porque:

1') *Partes*: de um lado, uma fotógrafa com equipamento para registro e edição de imagens e com conhecimento sobre locações disponíveis e moda feminina; de outro lado, uma modelo que deseja divulgar sua postura e apresentação para agências de recrutamento;

2') *Alcance da atuação*: por um lado, serão entregues fotografias da modelo em poses clássicas, em imagens submetidas a edição computadorizada; por outro lado, será conferida remuneração em dinheiro pelos trabalhos realizados pela fotógrafa;

3') *Influência exercida*: haverá sessões de fotografia com figurinos e maquiagem orientados pela fotógrafa, sem limitação do número de disparos de câmera, em ambientes distintos definidos pela modelo, em dias e horários diferentes, para posterior entrega das fotos que forem selecionadas.

O delineamento de tais elementos permite uma negociação bem direcionada, pois, torna-se possível atribuir tarefas e recortar os eventos que importam para as partes.

Segunda fase: posicionamento do contrato:

Apresentados os aspectos fundamentais do contrato, seus comandos já podem ser pensados e colocados em ordem, sendo essa a fase em que o contrato vai ganhando a forma de um verdadeiro tutorial para o negócio que é estabelecido.

Duas competências devem ser desenvolvidas então

1) *Disciplina criativa*: trata-se da organização do exercício da influência dos participantes e dos resultados naturais que a acompanham, com a ordenação das etapas em que as partes desempenharão suas respectivas atribuições, afinal, alguma coisa vai sair dessa interação e é preciso pôr isso em ordem;

2) *Gerenciamento de riscos*: é a previsão de desvios de rota, de acontecimentos que não acompanham os critérios e a linha de ação

estabelecida, além da criação de respostas para esse tipo de ocasião, pois, alguma coisa sempre pode sair dos planos.

Seguindo o exemplo proposto, após terminarem seu primeiro prato e chamarem o atendente para um segundo pedido, modelo e fotógrafa passam a contar uma a outra como organizam seus dias de trabalho e a criar livremente uma rotina para o próprio contrato, em alguns passos simples:

1') *Disciplina criativa:*

A. Consultoria: compartilhamento, análise e comparação de impressões pessoais das partes sobre cenários, poses, vestuários e maquiagens, com a definição de esboços;

B. Preparação: designação de três locações distintas, agendamentos, separação de recursos e alinhamento com outros prestadores, dentro de determinado prazo;

C. Ensaio: realização da sessão de fotos nas locações e datas combinadas segundo os esboços;

D. Seleção: confecção de três mosaicos impressos das fotos feitas em cada locação, com fixação de prazo para a eleição das dez melhores fotos de cada mosaico;

E. Edição: aplicação de técnicas de edição de imagens pela fotógrafa nas trinta fotos selecionadas, com a confecção de três novos mosaicos contendo as edições, dentro de um prazo fixado;

F. Revisão: exame das fotos editadas realizado pela modelo dentro de determinado prazo, para conferência e eventuais ajustes pela fotógrafa, com definição de um prazo para a entrega das fotos finais;

G. Finalização: ajustes de edição e entrega das trinta fotos eleitas em formatos individuais de alta qualidade visual, enviadas em dispositivo de armazenamento no prazo ajustado;

H. Remuneração: valores específicos são fixados para a fotógrafa para cada etapa do contrato que é concluída, ocorrendo avanço para a etapa seguinte somente após o respectivo pagamento.

Além dessa ordenação, modelo e fotógrafa podem combinar alguns tópicos adicionais relacionados à própria realidade que buscam disciplinar, sem quebrar a sequência já estabelecida. Não estavam obrigadas, mas, quiseram combinar o seguinte:

I. Despesas: gastos suportados pela fotógrafa em razão da etapa de preparação devem ser reembolsados antes da etapa de ensaio;

J. Créditos da autoria: por serem obras da autoria de quem as registra, a modelo sempre deve atribuir os créditos das fotos à fotógrafa;

L. Direitos de utilização: concluída a última etapa, com a entrega das fotos finalizadas, são transferidos à modelo os respectivos direitos de alteração, exibição e exploração;

M. Fotos avulsas: as fotos que não ficarem entre as trinta selecionadas, bem como os respectivos direitos de utilização, só podem ser transferidos à modelo e com pagamento de remuneração avulsa;

N. Imagem: por serem representação gráfica da identidade da modelo, a fotógrafa só pode exibir as fotos na apresentação de seu portfólio profissional e na divulgação de seu trabalho, e desde que mantidos os aspectos em que foram apresentadas à modelo.

Na sequência da ilustração, ainda no restaurante, após consumirem o segundo pedido, fotógrafa e modelo investem os minutos finais de seu encontro profissional para definir as respostas que poderiam dotar em caso de furo no planejamento, combinando o seguinte:

2') *Gerenciamento de riscos*:

A. Atrasos na conclusão de etapas: concluída uma etapa fora do prazo por causa da fotógrafa, há a redução pela metade da remuneração devida;

B. Atraso em ensaio: frustrado um ensaio por atraso da modelo, há incidência de multa equivalente a um terço do valor da remuneração estipulada para essa etapa;

C. Frustração de etapas: realizado um ensaio, caso a fotógrafa atrase a conclusão de alguma etapa pelo dobro do prazo estipulado, a modelo adquire, gratuitamente, a propriedade de todas os registros fotográficos feitos até então e os respectivos direitos de utilização;

D. Término: verificados dois atrasos ou um atraso pelo dobro do prazo estipulado, a parte insatisfeita pode, livremente, terminar o contrato no estado em que ele estiver, preservados os direitos surgidos até então;

E. Violação de direito autoral e de imagem: desrespeitadas as estipulações sobre créditos das fotos e seus direitos de utilização e, também, sobre a imagem, há incidência de multa por ato praticado.

Pela ilustração sugerida, o encontro de negócios já pode ser considerado um sucesso. Modelo e fotógrafa têm, agora, um diagrama que retrata o caminho que fixaram. Um esboço feito nesses moldes poderia ser assinado sem problemas, sem, nem mesmo, ser reescrito em formato de cláusulas.

Esse método respeita a liberdade que as partes têm de criar aleatoriamente o próprio modelo de contrato, ao mesmo tempo em que conduz a uma conclusão clara, com parâmetros bem definidos, porém maleáveis. O resultado obtido é bem eficiente, diferente de qualquer burocracia sem sentido.

Uma estruturação assim pode ser utilizada por qualquer pessoa e dentro em qualquer atividade econômica, de fabricantes de elevadores a jogadores de futebol, passando por designers de interiores e aquela pessoa que apenas deseja vender seu carro.

Além disso, caso os participantes queiram, podem apresentar sua sinopse para que um advogado analise e, até mesmo, disponha no formato clássico. Seja como for, uma sinopse contratual construída nesses padrões torna-se um cartão de visitas respeitável.

Em seu escritório, certamente, o advogado agradecerá por ter apenas a incumbência cuidar de aspectos legais sem ter que se debruçar sobre o negócio de um cliente, afinal, seu tempo já é escasso.

Além disso, tendo o controle da produção do documento em suas próprias mãos, os contratantes poderão exigir uma resposta ágil e mais precisa quanto ao exame jurídico que solicitaram.

É verdade que fotógrafa e modelo poderiam simplificar ao máximo e dispor na minuta contratual somente a obrigação de entregar as fotos e pagar por elas. Mas, suprimindo dados do contrato, torna-se mais difícil saber o que e quando exigir da outra parte e pelo que se está pagando afinal.

Além do mais, a estruturação nos termos propostos ajuda na compreensão do trabalho do advogado. Com uma ferramenta assim, um executivo de uma empresa pode checar o desempenho de seu departamento jurídico, exercer um controle de qualidade e avaliar riscos com mais facilidade.

Diagrama das fases:

Um panorama das diretrizes a serem adotadas para a redação de uma minuta contratual nas linhas apresentadas poderia ser organizado visualmente no seguinte esquema:

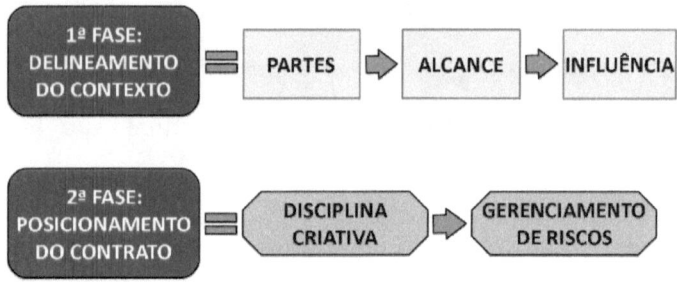

Desenvolvidas essas fases, o texto final da minuta contratual já pode ser editado, ficando as partes à vontade para escrever conforme a estética que preferirem, sempre com clareza e com jejum de palavras.

CUIDADOS ESPECIAIS COM A REDAÇÃO

É comum que algumas anomalias prejudiciais ocorram na redação de uma minuta contratual, mas elas podem ser percebidas e corrigidas sem dificuldade. Uma pequena revisão será sempre recomendável.

Determinados cuidados simples causam tanto impacto que já me permitiram reduzir em mais da metade o tamanho de minutas longas e enfadonhas que me foram encaminhadas, sem esforço e sem prejuízo do conteúdo, pois a maior parte da informação retirada era, simplesmente, redundante.

O certo é que quem não tem problemas com o idioma, também não encontrará problemas com a redação de contratos para os negócios em que esteja envolvido.

Negociar e contratar com base em textos enxutos e leves será sempre mais rápido, completo e agradável e é exatamente essa a vantagem de fugir do mau uso das palavras.

Para evitar textos cansativos e confusos, considerar alguns alertas e erros comuns fará toda a diferença. Os mais relevantes estão indicados a seguir, alguns relacionados a contratos de pessoas e empresas conhecidas, que tiveram sua cota de visitas ao judiciário em processos diversos.

Excesso de informação:

Informação desnecessária significa análises desnecessárias. É prudente evitar práticas como:

1) *Fazer referências legais desnecessárias*: um texto fica saturado quando faz menções a normas como forma de afirmar autoridade, algo sem utilidade, que demonstra falta de confiança e acarreta problemas após o advento de novas leis.

Exemplo a se evitar:

A. Em contrato de 2005 da empresa Siemens, havia o reconhecimento do dito documento "como título executivo, na forma dos Artigos 583 e 585, inciso II, do Código de Processo Civil Brasileiro";

B. Em contrato de 1998, o estado do Rio Grande do Sul assegurou que haveria um reajuste monetário anual "em conformidade com o caput e no § 5º do art. 28 e no § 1º do art. 70 da Lei nº 9.069, de 29 de Junho de 1995".

2) *Desdobrar obviedades*: comandos que contêm simples decorrências da lei e descrições de consequências logicamente associadas servem apenas como reforços de ideias, mas não contribuem para o desenvolvimento da relação contratual e, por sua futilidade, devem ser excluídos.

Exemplo a se evitar:

A. Em um contrato de 2018 da agência da atriz Larissa Manoela, foi escolhido o foro (a jurisdição) de Cotia-SP para resolver disputas, mas o texto ainda tinha a adição "excluindo-se qualquer outro por mais privilegiado que seja", o que já é da essência da escolha;

B. Em 2013, uma grande mineradora fechou contrato de auditoria médica, mencionando que era obrigatória a prestação de serviços conforme as normas éticas da medicina e as orientações dos conselhos profissionais.

3) *Gerar prolixidade*: um contrato não é um livro didático nem serve para transmitir lições, de sorte que a apresentação de exemplos, analogias e explicações sobre dado comando ou termo retira a objetividade do texto, sendo necessária a exclusão.

Exemplo a se evitar:

A. Em contrato de 2020, a logística Loggi fixa que não responde por serviços de transporte mediados em sua plataforma digital, redundando na menção a "conteúdos transportados", "conduta das partes envolvidas" e "relação entre o Usuário e o Condutor".

4) *Utilizar glossários*: em um contrato, as coisas são determinadas pelas funções que têm, como em um manual de regras para um jogo doméstico, sendo mais proveitoso delinear como tudo funciona e quais interações são possíveis do que separar um tópico especial para definições e conceitos.

Orientação adicional:

A. Quando for inevitável a apresentação de definições técnicas ou orientações muito específicas, indique uma fonte para consulta que seja externa ao contrato ou que seja apresentada em anexos.

5) *Deixar de associar comandos e temas*: também é possível obter simplicidade com o gesto de associar ideias, o que evita a redundância de se reproduzir um mesmo tipo de texto em locais separados, à medida que ideias análogas são introduzidas no texto.

Orientação adicional:

A. Havendo um tratamento idêntico para diversos temas tratados no contrato, ainda que muito diferentes, liste-os dentro de um mesmo comando abrangente que se aplique a todos eles;

B. Por outro lado, se um único tema demandar várias formas de tratamento distintas, é produtivo destacá-lo no texto e agrupar em torno dele todos os comandos aplicáveis.

6) *Repetir comandos idênticos*: reproduzir regras em diversos pontos do texto pode até representar uma tentativa de salientar a importância de um assunto, mas a repetição é desnecessária e causa o receio de que algum elemento novo pode ter sido apresentado no texto reproduzido sem ter sido identificado.

Exemplo a se evitar:

A. Em contrato de 2017, a franqueadora Acqio afirmou por cinco vezes, em diferentes partes, o mantra de que seu franqueado assume a gestão e responsabilidade das próprias unidades, sem qualquer tipo de relação de dependência.

7) *Deixar de usar classes e palavras-chave*: inevitavelmente, uma minuta contratual fará referências a cada tema de que trata por diversas vezes, sendo vantagem reunir sob um mesmo nome ou categoria

elementos e conceitos que compartilhem semelhanças em vez de tratá-los sempre de modo individual.

Orientação adicional:

A. Invés de criar glossários, crie classificações para certos elementos, especialmente, se essa afinidade atrai o mesmo tipo de tratamento e recomenda seu agrupamento.

8) *Deixar de limitar o número de palavras*: estabelecer um limite máximo de palavras por frase ou por cláusula desafia a criatividade, mas, resulta em objetividade na redação contratual.

Orientação adicional:

A. Trinta é um bom número para um limite de palavras em cada dispositivo, mesmo quando se tratar de um comando aparentemente complexo.

9) *Deixar de limitar o número de caracteres por palavra*: optar por palavras mais simples é uma atitude sempre bem vinda, que tornará a redação mais amigável e ligeira em troca de um pouco de originalidade.

Orientação adicional:

A. Com exceção de termos técnicos que não podem ser substituídos por palavras equivalentes mais acessíveis, quinze é um bom número para um limite de caracteres por palavra.

Obstáculos interpretativos:

Quanto menor o esforço interpretativo utilizado para a compreensão de um texto, melhor. Por isso, vale a pena tomar cuidado com certos deslizes, entre os quais:

1) *Fazer referências externas soltas*: a fim de se evitarem buscas desnecessárias e erros, toda vez que outro documento for mencionado no contrato por causa de seu conteúdo técnico ou auxiliar, é preciso nomeá-lo, introduzir sua relevância e indicar seu trecho específico que seja pertinente.

Exemplo a se evitar:

A. Em 2015, o clube Botafogo fechou contrato com um jogador, estipulando que deveriam ser obedecidas as normas "dos regulamentos do clube e das entidades superiores a que ele estiver filiado", sem, no entanto, haver individualização de quais.

2) *Dispersar o sentido das palavras*: variar no uso de sinônimos é um dos orgulhos dos bacharéis, mas um desastre para a objetividade, pois sugere que, apesar de uma similaridade entre palavras, ocorreria uma diferenciação entre elas, que não existe na verdade.

Orientação adicional:

A. É preciso padronizar as palavras e adotar um só termo para cada ideia que se queira expressar no contrato, a fim de se evitar a impressão de que palavras com grafia distinta corresponderiam a coisas distintas e, portanto, a tratamentos distintos, sendo, na verdade, sinônimas.

Exemplo a se evitar:

A. Em contrato de 1974, entre uma editora e o compositor Roberto Carlos, havia referências a obras "lançadas de forma ilegal" e "clandestinas", termos com igual significado, ocorrendo o mesmo entre as palavras "danos" e "prejuízos" usadas no dito documento.

3) *Permitir menções vazias*: vez por outra, minutas contratuais chegam a ter cláusulas que afirmam que um dado tema é objeto de contratação quando, na verdade, não é, criando uma ponta solta, o que é comum ao se aproveitar minutas antigas.

Exemplo a se evitar:

A. Em um contrato de agenciamento de 2012 da cantora Anitta, havia o comando "fica vedado à Contratante ceder a licença de uso da marca ou imagem, objeto desde contrato, a qualquer pessoa", porém nunca houve licenciamento de marca nesse contrato.

4) *Permitir lacunas comparativas*: quando um assunto contiver vários desdobramentos importantes, regulamentar apenas uma parte deles sem abordar os demais cria um vácuo que gera a dúvida sobre como a fração omitida deve ser considerada, ou mesmo se ela deve chegar a ser considerada.

Exemplo a se evitar:

A. Em contrato de 2014, o Itaú informou que os juros de um financiamento seriam "capitalizados diariamente", mas, apresentou somente taxas mensal e anual, omitindo a taxa diária, dificultando a compreensão do ajuste e a verificação da adequação do valor a ser pago;

B. Em contrato de 2017, a Infraero ficou de notificar seus antigos prestadores de serviço sobre a rescisão de seus contratos por ocasião da mudança da administradora do aeroporto de Brasília, deixando em aberto se a nova gestora poderia ou não assumir referidos contratos.

5) *Desalinhar vocabulários*: por serem instrumentos de interação objetiva, contratos não devem utilizar linguagem contendo termos ou expressões estranhos a alguma das partes, o que inclui terminologia técnica e ou de uso pouco corrente.

- Orientação adicional:

A. Em contratos de adesão, como forma de contornar a dificuldade com o alinhamento do vocabulário, considere qual o perfil do público que é visado dentro daquele ramo de negócio em que o contrato se desenvolve.

6) *Inserir mais de um comando em um mesmo espaço*: os comandos inseridos em uma minuta contratual devem ser rápidos, de fácil localização e posicionados em espaços individuais e separados uns dos outros a fim de evitar a mistura de conteúdos.

Orientação adicional:

A. Adote uma estrutura em tópicos, com uso de títulos e numerações para agilizar a compreensão, o que é altamente recomendável, diferentemente de um texto de fluxo contínuo como aquele utilizado em atas.

Inconsistências:

O que não se deseja no conteúdo de um contrato é aleatoriedade. Portanto, criar padrões lógicos é mais que desejável, sendo o caso de evitar certas posturas, como:

1) *Deixar de harmonizar as cláusulas*: disposições que tratem de assuntos correlatos devem estar ao lado umas das outras, criando um fluxo de ideias progressivo, que impeça a ruptura de ritmo do texto ou a retomada da leitura quanto a assuntos já vistos.

Orientação adicional:

A. À medida que novas cláusulas contratuais forem pensadas para uma minuta contratual, não as disponha no fim do documento como em ordem cronológica, mas, coloque-as nos trechos da minuta que façam mais sentido para elas;

B. Quando houver alterações contratuais posteriores ao documento original, fuja da criação de aditivos contratuais separados, sendo mais seguro substituir a minuta anterior por uma nova contendo as modificações.

2) *Tolerar contradições*: nenhum comando pode ser seguido sem gerar disputas quando indica sentidos que são contrários ou quando gera efeitos que são inaceitáveis diante de outro.

Exemplo a se evitar:

A. Em contrato de 2012, a incorporadora Urbplan fixou, em uma cláusula, que os gastos com o registro de um imóvel seriam "suportados" por ela, mas, em outra, declarou que, no preço pago pelo comprador, "foram incluídos os valores referentes às despesas" de registro.

Orientação adicional:

A. Tome um cuidado maior ao disciplinar assuntos que possuam muitos detalhes e ao atualizar cláusulas antigas, pois, quando falta uma determinação exata das fronteiras que separam cada ponto, pode ocorrer uma sobreposição de comandos.

3) *Fazer declarações ambíguas*: todo contrato é um plano de ação com objetivos definidos, sendo indesejável a existência de mais de um sentido possível para a interpretação de seus comandos.

Orientação adicional:

A. Dê atenção à construção da frase e ao contexto, pois certos pronomes, conjunções e concordâncias podem comprometer o sentido do que se deseja comunicar e criar possibilidades de interpretação indesejadas;

B. Substitua figuras de linguagem e palavras que possuam possibilidades de significado muito distintas por palavras ou expressões que possuam um universo de significados mais restrito.

4) *Deixar de pôr a clareza do texto à prova*: submeter um texto ao exame de outras pessoas sempre trará bons dividendos em termos de comunicação, principalmente, quando se trata de um texto gerador de obrigações.

Orientação adicional:

A. Considere fazer o teste escolar, que pode até ser feito com familiares, pois, se um estudante regular de ensino médio conseguir compreender uma minuta contratual, isso é um bom sinal de que o texto está suficientemente claro.

Fontes de informação processual:

Por fidelidade às fontes utilizadas para consulta, apresento a listagem dos processos judiciais em que podem ser encontrados os documentos contratuais analisados neste livro:

5015205-21.2013.4.04.7100

0025901-32.2014.8.19.0209

0011702-82.2015.5.01.0027

1103236-20.2015.8.26.0100

0001992-10.2017.8.16.0024

1001447-76.2018.8.26.0292

1041548-45.2019.8.26.0576

0000348-04.2020.5.10.0102

0001406-69.2020.8.05.0154

0024958-46.2020.8.26.0100

1009169-90.2020.8.26.0002

FINAL?

Até aqui, foram apresentadas minhas percepções pessoais somadas àquilo que aprendi e apliquei em mais de dez anos de contato com empresas e profissionais de ramos variados. Porém, por maior que seja o conhecimento de causa envolvido na escrita deste livro, ele não é um guia definitivo.

Sem dúvida, acompanhei de muito perto queixas e opiniões daqueles que formam o público principal para o qual este livro foi escrito. Porém ainda há muito a ser exposto e revisto e pode ser que o passar de alguns anos revele algo a mais, principalmente, porque essa área carece de pesquisas.

Nada se compara à praticidade das lições provenientes de uma vivência pessoal. Infelizmente, ela é incerta, mas isso não quer dizer que a vivência não contenha elementos mensuráveis e são os números que permitem um estudo consistente e a testagem das soluções que são encontradas.

Aqueles profissionais cujo desempenho é baseado em dados e a comunidade científica acolherão melhor números e resultados do que um testemunho isolado. E é por isso que, tendo convicção sobre a relevância da temática exposta nesta obra, o desenvolvimento de pesquisas é meu próximo passo.

Longe de ser um fechamento estéril para um livro de não-ficção – talvez, com a declaração morna de que não existiu a pretensão de esgotar o tema –, esta é uma promessa de retorno do autor, ou seja, de mais conteúdo em um novo livro, com a descrição e os resultados de um trabalho de campo.

Exploração e aprimoramento são o foco desse novo projeto e eu conto com a crítica para avançar ainda mais no desenvolvimento de soluções. E quem é que sabe se alguma forma de automação ou inteligência artificial não nasceria com essa iniciativa?

Isso e além será submetido à prova até a publicação de uma nova obra, pois muitas coisas povoam o espaço que há entre o céu e a terra. E, com toda certeza, contatos, sugestões e desafios propostos pelos leitores serão bem vindos.

Até lá!

www.ingramcontent.com/pod-product-compliance
Lightning Source LLC
Chambersburg PA
CBHW021457210526
45463CB00002B/805